L'Afrique à l'ère de la quatrième révolution industrielle : opportunités ou menaces ?

Massamaesso Narouwa

L'Afrique à l'ère de la quatrième révolution industrielle : opportunités ou menaces ?

Essai

LE LYS BLEU
ÉDITIONS

ISBN : 979-10-422-0813-4

Préface

Depuis les années 1960 reconnues comme années des indépendances, l'Afrique fait son chemin vers sa destinée et dont personne ne peut mesurer l'ampleur. L'actualité du continent, coups d'État dans certains pays, extrémisme violent et autres conflits armés dans d'autres, nous interrogent sur la consistance ou non de la route que les dirigeants et les peuples empruntent. Sommes-nous en route vers un avenir radieux ou bien allons-nous à reculons, les interpellations du moment ont la particularité de nous faire oublier que l'Afrique dispose d'énormes atouts, et ses atouts ne sont pas constitués uniquement des ressources du sol et du sous-sol comme des « experts » ont tendance à le dire. Parmi les importantes ressources de l'Afrique, je voudrais placer en tête nos immenses gisements de matière grise. J'en ai eu la conviction lors d'une rencontre faite à Kigali au Rwanda en 2018, avec un jeune togolais étudiant en informatique. Quelques instants de conversation avec ce garçon m'ont convaincu de son intelligence fine et de sa claire perception des choses qui va au-delà de son environnement immédiat. Il s'agit de Monsieur Massamaesso NAROUWA, et j'apprendrai plus tard que le jeune homme a poursuivi ses études à l'Institut Polytechnique de Paris en France, toujours en informatique et qu'une fois le diplôme obtenu il entreprend des recherches doctorales au sein d'un laboratoire du Centre National de la Recherche Scientifique à l'Université Paris-Est où il enseigne également. Chose étonnante, le doctorant Massamaesso veut d'ores et déjà ouvrir son armoire de connaissances au public. L'auteur a sans doute réalisé que le retard de développement technologique de l'Afrique a joué jadis un rôle négatif dans la destinée des Africains. Ce fut une faiblesse exploitée par tous les envahisseurs et trafiquants de tout genre qui sont allés jusqu'à remettre en cause l'humanité des Africains. Nous ne devons plus commettre les erreurs du passé, nous devons nous mettre au diapason de la nouvelle ère, celle de la quatrième révolution industrielle. Encore faut-il comprendre les mécanismes et les composantes de cette nouvelle révolution. Ce livre nous invite à cette compréhension, il nous invite à mieux nous armer contre les menaces inhérentes à toute révolution surtout technologique et à en saisir les opportunités pour bâtir un avenir radieux pour les générations futures.

Joseph Kokou Koffigoh
Ancien Premier ministre du Togo,
Avocat et écrivain poète

Introduction

Albert Einstein en écrivant sur la science fit cette célèbre déclaration : « L'imagination est plus importante que la connaissance. Car la connaissance est limitée, tandis que l'imagination englobe le monde entier, stimule le progrès, suscite l'évolution. » Ce qui voudrait dire que la rigueur de la logique dans le raisonnement et l'observation méticuleuse de l'univers ne sont pas exhaustives pour l'avancement de la science. L'intuition, la créativité ou l'imagination occupent une place remarquable dans le processus de découverte ou de l'innovation scientifique. Si la façon dont notre génération communique et traite l'information était contée à ceux qui ont vécu le moyen âge, la plupart serait certes sceptique et qualifierait cette idée de pure fiction. Ce qui veut dire que ce qui est de l'ordre de l'imaginaire hier peut être réel aujourd'hui, et ce qui de l'ordre de l'imaginaire aujourd'hui peut être réel demain c'est le principe sur lequel repose la science-fiction.

Dans l'antiquité, l'humanité a subi deux changements importants : l'ère de la chasse et la cueillette puis l'ère de l'agriculture. L'Anthropocène quant à lui a déjà traversé trois révolutions industrielles : la première révolution est l'énergie à vapeur, la deuxième l'électricité puis la troisième est l'informatique. L'ère de l'informatique ou du numérique a révolutionné notre façon de communiquer et de traiter l'information. Le bouleversement de la technologie de l'information a connu plusieurs applications et continue de se métastaser exponentiellement dans tous les domaines de la vie courante. Ceci a récemment débouché sur une ère industrielle : La Quatrième Révolution Industrielle ou l'Industrie 4.0 ou encore l'industrie du futur. Aussi faut-il noter que la gémellité entre la troisième et la quatrième révolution porte parfois à confusion. C'est normal, car si la troisième révolution est numérique, la quatrième l'est aussi, mais avec un rythme d'innovations exponentiel. En effet, le terme « Quatrième Révolution Industrielle » est utilisé pour la première fois en 2016 par le professeur Klaus Schwab, fondateur du Forum Économique Mondial (FEM) ou Forum de Davos ; un terme qui était déjà désigné par « l'Industrie4.0 » depuis 2011 en Allemagne au Salon de la technologie industrielle de Hanovre.

Ce bouleversement technologique en cours, n'épargne pas les sociétés africaines. Nous sommes à l'ère d'un grand changement tous azimuts que ce soit en industrie, en médecine, en écologie, en transport, en agriculture et dans le secteur de l'emploi. Le bouleversement né des algorithmes de l'intelligence artificielle générative tels que le ChatGPT de OpenAI et le Tongyi Qianwen du géant Alibaba en est une parfaite illustration. Ce grand changement se déroule sous le leadership des géants du numérique tels que les GAFAM (Google Amazone Facebook Apple et Microsoft) et d'autres multinationales du numérique et l'e-commerce telles que AT&T Inc, Verizon Communications, Nokia, Samsung, Huawei, Ericsson, Alibaba…

Les États sont en train de perdre leur autorité au détriment des GAFAM, les emplois classiques sont en train d'être supprimés et les médias classiques ne sont pas du reste, car ils perdent progressivement leur influence informationnelle au détriment des réseaux sociaux. Pendant que les gouvernements africains et les acteurs du secteur privé s'attaquent viscéralement aux problèmes d'électrification et de connectivité inclusive de leurs populations, un autre défi pointe à l'horizon : comment tirer profit de la quatrième révolution industrielle et en être un acteur majeur de l'économie et de l'innovation numériques ? Cette révolution aura un impact considérable sur la politique des États, sur leurs économies, sur les emplois, voire sur la biodiversité.

Commencée à partir de 1750 de notre ère, la première révolution industrielle s'est caractérisée par la mécanisation de la production. Lorsqu'à partir de 1870 la deuxième révolution industrielle a progressivement pris place, elle a mis l'accent sur la production de masse. Au cours de ces deux premières révolutions industrielles, l'Afrique était dans la servitude, soit par la traite négrière, soit par la colonisation. À ce titre, elle a plutôt subi ces révolutions qui ont profité à d'autres continents, notamment à l'Amérique et à l'Europe. Lorsque vint la troisième révolution industrielle à partir des années 1960, avec pour caractéristique principale l'essor des technologies informatiques et numériques, la plupart des pays africains s'émancipaient du joug colonial. Mais à peine indépendante, l'Afrique se retrouve grugée par le néocolonialisme, ce qui amena l'ingénieur agronome français, René Dumont qui, évoquant les problèmes d'ordre agricole auxquels faisait face ce continent, à publier son fameux ouvrage au titre très polémique à l'époque : « L'Afrique noire est mal partie ». Bien que s'intéressant au secteur agricole, l'analyse de cet ouvrage « prophétique » par les bords, peut être applicable à tous les domaines, notamment à celui relatif au secteur industriel. L'Afrique des coups d'État, de la gabegie, de la corruption, de la mal gouvernance… était véritablement mal partie en ces débuts de la décennie soixante si bien qu'elle n'a pas pu jouer un grand rôle dans les sillages de la troisième révolution industrielle. C'est dans ce contexte qu'intervient la quatrième révolution industrielle essentiellement tournée vers la révolution numérique, avec en toile de fond, les merveilles de l'intelligence artificielle. À l'heure où les pronostics vont bon train sur la place prépondérante éventuelle que devra occuper l'Afrique dans l'avenir du monde, engager un débat sur la quatrième révolution industrielle est une invite à la prise de conscience de l'élite intellectuelle africaine sur le rôle qui est le sien dans l'endogénéisation du numérique sur notre continent. Mais cet appel s'adresse également aux gouvernants dont la responsabilité est toute engagée pour créer l'écosystème devant favoriser l'éclosion des aptitudes pro-numériques au sein de la jeunesse africaine. Car, comme aiment si bien le dire certains acteurs africains de l'économie numérique, l'Afrique de demain sera numérique ou n'existera pas. Cette réflexion vaut son pesant d'or. Mais, elle mérite d'être poursuivie pour créer une masse critique réflexive à même d'orienter les décideurs pour aider à briser la glace sur le continent africain.

Dans ce contexte de grandes mutations que certains qualifient de « destruction créative », il est nécessaire de porter un regard critique sur l'Afrique. Comment les pays africains se préparent-ils pour faire face à ces grandes mutations ? Seront-ils compétitifs ou passifs dans un monde où tous les secteurs de l'économie sont en pleine ubérisation ? L'objectif de cet essai est de décrire dans un premier temps la quatrième révolution industrielle, ensuite énumérer les différents bouleversements que cette révolution induit, puis porter un regard critique sur l'apport de l'Afrique, et enfin conclure.

Chapitre 1
La Quatrième Révolution Industrielle

La Quatrième Révolution Industrielle ou l'industrie 4.0

L'idée d'une quatrième révolution industrielle a captivé l'imagination de beaucoup de personnes en Afrique et dans le monde entier. Les médias accentuent à la fois le potentiel et le risque associés aux technologies de pointe pour le continent. Toute révolution est un changement brusque, voire violent, d'un ordre établi. C'est dans cette perspective qu'il est fondamental de cerner la notion de la Quatrième Révolution Industrielle et les bouleversements socio-économiques qu'elle engendre, car rien ne sert d'avoir une supériorité technologique si la volonté de servir l'homme fait défaut. La Quatrième Révolution Industrielle est une ère de haute technologie de l'information et de la communication caractérisée par l'ubiquité informatique, l'Internet des Objets (IdO), l'intelligence artificielle, l'apprentissage par machine (machine learning) et par les réseaux du futur (la 5G, 6G…).

La quatrième révolution industrielle stimule les progrès de la science et de la technologie, et dans laquelle l'Internet des objets (IdO) et ses technologies de support servent de colonne vertébrale aux systèmes cyberphysiques et les machines intelligentes sont utilisées comme promoteurs pour optimiser les chaînes de production. Une telle avancée va au-delà des frontières organisationnelles et territoriales, comprenant agilité, intelligence et mise en réseau. Ce scénario déclenche des efforts gouvernementaux visant à définir des lignes directrices et des normes. La rapidité et la complexité de la transition vers la nouvelle ère de la numérisation dans un environnement mondialisé ne permettent cependant pas encore une compréhension commune et coordonnée des impacts des actions entreprises dans différents pays et régions.

L'économiste russe Nikolaï Dmitriyevich Kondratiev, célèbre théoricien des cycles économiques dits « cycles de Kondratiev », fut le premier à démontrer en 1926 que les économies capitalistes connaissent une croissance soutenue de longs termes, suivie d'une période de dépression. L'économiste autrichien Joseph Schumpeter épousant la théorie de Kondratiev en 1939, a établi la théorie de « destruction créative et l'innovation » qui se produit lorsque l'innovation déconstruit des structures économiques anciennes et libère des ressources qui peuvent être déployées ailleurs. S'inspirant de cette école de pensée, des chercheurs ont établi cinq paradigmes techno-économiques depuis le milieu du dix-huitième siècle :

1– La machine à vapeur (1780 - 1830) ;
2– Les chemins de fer et l'acier (1830-1880) ;
3– L'électricité et les produits chimiques (1880-1930) ;
4– L'automobile et la pétrochimie (1930-1970) ;
5– L'électronique et l'informatique (1970-2010) ;

Plus récemment, John Mathews, professeur honoraire à l'université de Macquarie, a proposé l'émergence d'un sixième cycle Kondratieff, à partir de 2010, qui était motivée par l'essor technologique associé aux énergies renouvelables.

Se basant sur un changement technologique systémique et structurel aussi complexe, qui détruit et crée de nouvelles formes d'organisation sociale, politique et économique jusqu'alors établies, le Forum Économique Mondial (FEM) et son fondateur Klaus Schwab ont émis l'idée d'une quatrième révolution industrielle. Bien qu'une telle idée semble ne pas correspondre aux réalités des pays du Sud global et de l'Afrique en particulier, nous sommes persuadés qu'elle finira par s'imposer. Dans la conceptualisation de Schwab, la première révolution industrielle (1760-1840) a inauguré la mécanisation de la production ; la deuxième révolution industrielle (1870-1914) a établi la production de masse ; la troisième révolution industrielle (1960 – jusqu'à présent) s'est formée autour des technologies informatiques et numériques ; la quatrième révolution industrielle quant à elle a commencé au début de ce 21e. Schwab et son équipe n'ont cependant pas été les premiers à parler d'une quatrième révolution industrielle. L'histoire est jonchée de proclamations diverses de la quatrième révolution industrielle. Albert Carr est reconnu pour avoir introduit cette phrase comme un moyen d'expliquer l'inclusion des communications modernes dans les processus industriels dans les années 1940. En 1956, le sociologue américain, Arnold Marshall Rose, avec beaucoup de prescience, a déclaré : « *un certain nombre de technologues et d'économistes ont prédit que nous sommes sur le point de connaître une série de changements radicaux dans la technologie industrielle qui révolutionneront les processus de production. Les conséquences, en termes de relations humaines et d'institutions sociales, d'une telle révolution seront certainement énormes* ».

Cependant Elizabeth Garbee, du Center of Science and the Imagination de l'Université d'État de l'Arizona, semble sceptique et s'oppose à l'idée d'une quatrième révolution industrielle telle que promue par le FEM et affirme que l'encadrement de Schwab est « *une expression dénuée de sens* ». Son point de vue laisse penser que le terme « quatrième révolution industrielle » est galvaudé par les industriels, les économistes et certains cadres du gouvernement. Qu'il y ait opposition ou scepticisme, il est important de s'engager dans cette nouvelle proclamation de révolution industrielle, vu l'imminence des transformations socio-économiques.

Les Technologies Moteurs de la 4RI

La Quatrième Révolution Industrielle prend tout son sens sous l'impulsion de quelques technologies moteurs qui ont pignon sur rue depuis plus d'une décennie. Nous faisons allusion aux innovations telles que :

- La 5 G et autres technologies de communication avancées
- l'impression 3D,
- les véhicules autonomes,
- la robotique de pointe
- les nouveaux matériaux.
- L'informatique quantique
- L'informatique de nuages et de périphérie
- l'Internet des Objets (IdO)
- Intelligence artificielle
- la blockchain
- la bio-informatique et la génomique
- le jumeau numérique

La 5G et autres technologies de communication avancée

La technologie 5G est la prochaine génération de réseaux mobiles qui fournira des vitesses de téléchargement plus rapides, une latence plus faible et des connexions plus fiables.

La 5G est la cinquième génération de communications mobiles cellulaires, qui est conçue pour fournir des vitesses plus rapides, une latence plus faible et une capacité accrue par rapport aux générations précédentes de technologie cellulaire (comme la 4G). Les réseaux 5G utilisent une combinaison de technologies telles que le spectre d'ondes millimétriques (mmWave), le MIMO massif (entrées multiples, sorties multiples) et la formation de faisceaux pour réaliser ces améliorations.

La 5G a le potentiel de permettre de nouveaux cas d'utilisation et de nouvelles applications telles que les véhicules autonomes, les villes intelligentes et l'Internet des objets (IdO), ainsi que de fournir un service haut débit mobile plus fiable et plus rapide.

Les autres technologies de communication avancées comprennent :

Li-Fi (Light Fidelity) : il s'agit d'une technologie de communication sans fil qui utilise la lumière visible pour transmettre des données, offrant des vitesses plus élevées et une communication plus sécurisée que le Wi-Fi.

Réseaux définis par logiciel (SDN : Software Defined Networks) : il s'agit d'une approche de la mise en réseau qui permet de séparer le plan de contrôle (la partie du réseau qui prend des décisions sur la manière dont les données sont envoyées) du plan de données (la partie du réseau qui transmet les données). Cela permet plus de flexibilité et de programmabilité dans la gestion du réseau.

Visible Light Communication (VLC) : c'est une méthode de transmission de données utilisant le spectre de la lumière visible. Il peut être utilisé dans des environnements où la communication par radiofréquence

(RF) n'est pas possible ou souhaitable, comme dans les hôpitaux ou les avions.

Cognitive Radio (CR) : c'est un type de communication sans fil dans lequel la radio peut adapter ses paramètres de transmission et de réception pour optimiser la communication et éviter les interférences avec d'autres appareils.

Toutes ces technologies sont à différents stades de développement et peuvent avoir différents niveaux de disponibilité commerciale, mais elles ont toutes le potentiel d'améliorer la vitesse, la fiabilité et la sécurité des communications et de permettre des applications nouvelles et innovantes.

L'impression 3D

L'inventeur américain de la stéréolithographie Charles Hull est le père des technologies d'impression 3D. L'impression 3D ou la fabrication additive est un outil qui permet la création à partir d'un modèle numérique, des objets physiques couche par couche par addition successive de matière. Par le biais de l'industrie du futur, l'impression 3D se positionne comme un outil de création rapide de produits uniques et personnalisés à faibles coûts.

L'impression 3D s'applique aujourd'hui dans plusieurs domaines et est plus utilisée dans les quatre secteurs suivant :

–Le secteur médical : aux États-Unis, les aides auditives sont fabriquées presque exclusivement par l'utilisation de l'imprimante 3D. Ainsi les formes sur mesures, comme les prothèses auditives, n'ont plus besoin d'être fabriquées manuellement.

– L'aérospatiale : De nos jours, les ingénieurs de l'aérospatiale et de l'espace utilisent l'impression 3D pour fabriquer des pièces de haute performance à l'instar de Optisys LLC, un fournisseur de microantennes pour l'aéronautique et la défense. À l'aide de l'impression 3D métallique, les ingénieurs de Optisys LLC ont réduit le nombre de pièces discrètes de leurs réseaux d'antennes de poursuites de 100 à seulement 1.

– L'automobile : l'industrie automobile profite grandement de la rapidité d'exécution et de la facilité de personnalisation offerte par l'impression 3D.

– La robotique : dans le domaine de la robotique et l'automatisation, des pièces uniques sur mesure sont très souvent nécessaires pour développer de nouveaux mécanismes robotiques. L'une des principales technologies de fabrication de l'industrie de la robotique est l'impression 3D, grâce à sa rapidité, sa grande liberté de conception et sa facilité de personnalisation. Par exemple, à l'Université d'Anvers en Belgique, une équipe d'étudiants en ingénierie a construit un bras robotique humanoïde qui peut traduire la parole en langages de signes en utilisant presque exclusivement l'impression 3D dans la fabrication des pièces structurelles personnalisées de leur robot.

Les véhicules autonomes

Aujourd'hui, les voitures sans conducteur, les drones imposent un intérêt particulier à l'industrie de l'automobile et aux projets de recherche et développement de plusieurs entreprises de transport. Les véhicules autonomes ne se limitent pas seulement aux voitures sans conducteur et aux drones, il y a d'autres engins autonomes : les camions, bateaux, avions… Plusieurs pays ont des projets de grande envergure pour construire des villes intelligentes du futur et la mise en circulation des véhicules autonomes fait partie intégrante de ces projets. Le progrès fulgurant de l'intelligence artificielle accompagné du nombre sans cesse croissant des capteurs améliore de jour en jour la performance et la sécurité des véhicules autonomes.

Il en est de même pour les drones qui deviennent de plus en plus performants et dotés d'une sensibilité leur permettant de réagir face aux obstacles afin d'éviter les collisions. Ainsi leur utilisation est bénéfique dans plusieurs domaines. Dans l'agriculture, le recours aux drones permet par exemple d'optimiser l'utilisation de l'eau et des engrais. Dans le domaine médical, les drones peuvent être utilisés pour acheminer du matériel médical en zones de conflits. Nous ne pouvons pas être exhaustifs sans rappeler l'usage premier des drones : faire la guerre. En effet, les drones militaires sont introduits dans la guerre contemporaine dès les années 1990 ; par exemple l'utilisation des drones Predator dans les Balkans à partir de 1995 par l'armée américaine. Les drones militaires employés dans la guerre contemporaine servent à neutraliser des cibles stratégiques sans mettre en danger les pilotes. Ils servent aussi à collecter des informations stratégiques sur le théâtre des opérations militaires. Il est fort probable que dans peu d'années nous aurons sur le marché une pléthore de drones à bas coûts, qui seront utilisés pour toutes sortes d'applications.

La robotique de pointe

La robotique de pointe et l'intelligence artificielle transforment profondément aujourd'hui notre conception traditionnelle du travail humain. L'homme a toujours réfléchi à des manières d'améliorer sa condition de vie et de travail d'où l'idée de construire des robots pour l'aider dans bon nombre de ses activités. Ainsi, au fil du temps, des experts ont accéléré la recherche pour faire évoluer la technologie des robots. Le terme « robotique » vient de l'anglais « robotics », inventé en 1942 par l'écrivain russo-américain Isaac Asimov. Il désigne l'ensemble des techniques et domaines en relation avec la fabrication des robots. On entend par robots toutes les machines programmées pour effectuer diverses tâches en se mouvant de façon autonome.

De nos jours, un robot peut être équipé de plusieurs capteurs plus perfectionnés lui permettant d'analyser et comprendre son entourage par le truchement d'une intelligence artificielle qui lui dicte ses mouvements (biomimétisme) en fonction de ce que les capteurs perçoivent.

L'évolution de la robotique a été telle que désormais, elle est présente dans plusieurs secteurs tels que ceux de :

- l'Industrie : pour la réalisation des chaînes de montage ;
- la médecine : pour le diagnostic et le traitement de certaines maladies ;
- l'aérospatiale pour l'exploration de l'espace ;
- la défense militaire : pour le transport des armes et matériels de guerre ;
- les laboratoires : pour les recherches scientifiques ;
- la sécurité pour la surveillance.

Nous avons une dernière génération de robots de pointe aujourd'hui connus sous l'appellation « robots humanoïdes ». Comme leur nom les désigne, ce sont des robots qui ressemblent à l'homme et sont même capables de penser et bouger comme des humains à l'instar du robot Sophia créé en 2015 par David Hanson et le robot humanoïde d'IBM Deep Blue. En outre, la programmation des robots est maintenant distribuée par le biais du *cloud*. Ce qui voudrait dire que les robots au lieu d'être programmés par une unité autonome, plusieurs robots peuvent à présent accéder aux informations à distance et se connecter à un réseau d'autre réseau de robots.

L'Internet des Objets (IdO)

L'Internet des Objets (IdO) ou *Internet of Things (IoT)* en anglais, fait référence aux objets physiques et à leur intégration avec Internet et les capteurs.

Les appareils intelligents permettent la collecte de données via des capteurs, ce qui conduit au traitement interne et à la transmission d'informations à d'autres appareils connectés à Internet. Selon Statesman, environ 22 milliards d'IdO étaient connectés dans le monde en 2018. D'ici 2030, la recherche prévoit que ce nombre augmentera pour atteindre 50 milliards. Par conséquent, l'écosystème IoT couvrira une variété de services « des smartphones aux appareils de cuisine ». Plus précisément, la combinaison de l'IA et de l'IoT est l'une des étapes les plus importantes vers l'adoption mondiale des véhicules autonomes.

Les capteurs IoT intégrés qui détectent les signaux corporels sont utiles dans le secteur de la santé, car ils peuvent transmettre des données et, via un moniteur d'application connecté, prédire et suggérer des actions concernant le traitement des patients. Il en va de même pour d'autres industries qui nécessitent un mécanisme de prédiction précis comme l'agriculture. Les capteurs IoT peuvent collecter des données en temps réel telles que la mesure de la température et de la lumière.

L'IoT est intégré dans des gadgets que nous pouvons acheter dans nos magasins locaux. Il s'agit notamment des montres intelligentes, de l'éclairage domestique intelligent et des applications de sécurité intelligentes. Par exemple, les montres intelligentes recueillent des informations sur le corps d'un utilisateur, à savoir la température et la fréquence cardiaque, pour surveiller les performances sportives et suggérer des routines d'entraînement.

Intelligence Artificielle (IA) et l'Apprentissage par Machine

L'IA fait référence à la capacité des ordinateurs numériques et des robots à effectuer des tâches intelligentes sans nécessiter d'intervention humaine. Entre autres, l'IA permet des services tels que les jeux d'échecs et les assistants numériques, le plus notable étant Siri Siri utilise les données recueillies à partir de la reconnaissance vocale, du traitement du langage naturel, de l'apprentissage automatique et, grâce à des algorithmes, il détermine et exécute les demandes des utilisateurs. Siri a été un service crucial qui positionne actuellement Apple comme le leader de l'adoption de l'IA devant d'autres géants de la technologie comme Google, Facebook et Amazon.

De plus, les cas d'utilisation de l'IA facilitent le flux automatique des procédures grâce à la créativité artificielle et à la reconnaissance d'images. La traduction de textes, qui est désormais essentielle dans de nombreux services en ligne, implique également l'IA en arrière-plan. De plus, les experts en intelligence artificielle se concentrent sur l'industrie des véhicules autonomes et des robots capables d'exécuter des actions intelligentes.

Actuellement, les procédures d'IA effectuent principalement des tâches relativement simples comme celles mentionnées ci-dessus. L'apprentissage par machine permet des actions automatisées basées sur des règles et une mémoire prédéterminées. Il reste à voir dans quelle mesure les services d'IA peuvent largement intégrer l'intelligence décisionnelle humaine. Théoriquement, les applications d'IA pourront améliorer leur intelligence grâce à la répétition des tâches dans le temps. Ainsi, ces services pourraient largement remplacer le besoin d'intervention humaine. Dans un scénario idéal, les machines exécuteraient des actions de manière plus rapide, plus efficace et plus intelligente que les humains.

La Blockchain et la Technologie du Registre Distribué (TRD)

La blockchain est un registre numérique de transactions qui est distribué sur un réseau d'ordinateurs, ce qui le rend difficile à modifier ou à pirater.

La blockchain est une technologie de grand livre distribué qui permet à plusieurs parties de conserver un enregistrement partagé et inviolable des transactions numériques. Il s'agit d'un système décentralisé et distribué où chaque participant du réseau conserve une copie du grand livre. Chaque bloc de la chaîne contient un ensemble de transactions, et une fois qu'un bloc est ajouté à la chaîne, les transactions qu'il contient ne peuvent pas être modifiées.

L'application la plus connue de la blockchain est le Bitcoin, la première monnaie numérique décentralisée, qui utilise la technologie de la blockchain pour enregistrer et vérifier les transactions. Mais la technologie Blockchain a de nombreux autres cas d'utilisation potentiels, tels que la gestion de la chaîne d'approvisionnement, les systèmes de vote, l'identité numérique et les contrats intelligents.

La Technologie du Registre Distribué est un terme plus large qui inclut la blockchain et d'autres technologies qui permettent à plusieurs parties de conserver un enregistrement partagé et inviolable des transactions numériques sur un réseau d'ordinateurs. La TRD peut être utilisée pour diverses applications dans différents secteurs tels que la finance, la chaîne d'approvisionnement, la santé et le gouvernement.

La technologie Blockchain est encore relativement nouvelle et l'éventail complet de son potentiel n'a pas encore été pleinement réalisé. Elle est également confrontée à des défis tels que l'évolutivité, la conformité réglementaire et l'interopérabilité avec les systèmes existants.

En résumé, Blockchain est un type spécifique de technologie du registre distribué qui utilise une chaîne de blocs pour enregistrer et vérifier les transactions numériques de manière décentralisée et inviolable, tandis que la technologie du registre distribué est un terme plus large qui fait référence à toute technologie qui permet à plusieurs parties pour conserver un enregistrement partagé et infalsifiable des transactions numériques.

La bio-informatique et la génomique

La bio-informatique est définie comme un champ de recherche multidisciplinaire où travaillent de concert biologistes, informaticiens, mathématiciens, et physiciens, avec pour objectif de résoudre un problème scientifique posé par la biologie. Cela suit plusieurs processus allant de l'analyse du génome à la modélisation de l'évolution d'une population animale dans un environnement donné, en passant par la modélisation moléculaire, l'analyse d'image, le séquençage du génome et la reconstruction d'arbres phylogénétiques. Aujourd'hui grâce à la modélisation mathématique et au progrès de la puissance de calcul, les chercheurs testent directement la manière dont une variation génétique donne lieu à l'expression d'une caractéristique ou d'une maladie.

Dans le domaine de la génétique, nous assistons à une kyrielle d'innovations époustouflantes. Le succès du projet *Human Genome Project (* un projet budgétivore lancé en 1988 et achevé en avril 2003) dont la mission était d'établir le séquençage complet du génome humain, a rendu possible moins cher et plus facile le séquençage génétique. Ces recherches ont également rendu possible l'activation ou la modification des gènes. Il est désormais possible de séquencer un génome en quelques heures et à un coût très bas.

Nous sommes actuellement à l'étape de la biologie de synthèse qui permettra de créer des organismes sur mesure en réécrivant l'ADN. Avec l'avènement des marqueurs génétiques, la médecine connaîtra une révolution extraordinaire, car les médecins pourront déterminer efficacement et à faible coût le profil génétique individuel par des machines de séquençages qui seront utilisées dans les diagnostics de routine. Par exemple, pour traiter le cancer, les médecins pourront se baser sur le profil génétique de la tumeur. En appliquant les marqueurs génétiques aux maladies, nous aurons une médecine de haute précision avec des traitements hautement ciblés. De puissants calculateurs sont déjà testés pour offrir ces types de traitements à l'instar du super de Watson, le superordinateur d'IBM. Le CEA (Commissariat à l'Énergie Atomique), un acteur majeur de la génomique française, répondait à la question suivante : un algorithme informatique pourra-t-il demain proposer à un médecin une stratégie thérapeutique pour son patient ? « Oui grâce au CAD, le <collecteur-analyseur de données >, prochainement mise en place dans le cadre du Plan France médecine génomique 2025. D'ici quelques années, chaque patient pourra se voir prescrire le séquençage complet de son génome. »

D'autre part, la fabrication 3D que nous avons décrite ci-dessus est sur le point de se fusionner avec le génie génétique pour produire des tissus vivants afin de réparer ou régénérer des organismes. En définitive, il faut retenir que nous ne pouvons être exhaustifs, car il existe une panoplie d'applications de la bio-informatique. Mis à part les interrogations profondément éthiques que ces innovations soulèvent, Il est certain que toutes ces innovations révolutionneront non seulement la médecine, mais aussi l'agriculture et la production de biocarburants.

Le jumeau numérique

Le jumeau numérique est l'une des technologies fondamentales de l'industrie 4.0. Le jumeau numérique est la réplique du monde réel dans l'environnement virtuel, qui est alimenté par des données et des informations en temps réel. Cette réplique peut être utilisée comme une copie virtuelle de n'importe quel domaine de n'importe quelle industrie. L'objectif principal est de simuler les installations et de faire des prédictions pour identifier un problème potentiel ainsi que d'optimiser le système en temps réel, en augmentant la fiabilité et la disponibilité tout en réduisant les risques et les coûts de maintenance. Le processus commence par la création d'un modèle qui représenterait de manière adéquate un système réel et l'intégration du modèle avec des informations provenant de données en temps réel collectées de l'objet physique pris en charge par des capteurs. Ensuite, sur la base de ces entrées, un jumeau numérique peut servir de véhicule pour aider aux prédictions ou aux simulations de la façon dont l'objet ou le système réel réagira dans des conditions données. Chaque pas franchi dans la technologie est d'une grande importance pour l'industrie. Les technologies émergentes mènent et stimulent les révolutions industrielles, ainsi en est-il de la quatrième révolution industrielle ou l'industrie 4.0. Parmi les nouvelles technologies qui ont conduit à la réalisation de l'Industrie 4.0, figurent l'Internet des objets (IdO), les technologies cloud, le big data, la science des données, la réalité virtuelle, l'intelligence artificielle (IA), la fabrication additive ou l'impression 3D, la maintenance prédictive et bien d'autres. La technologie du jumeau numérique a déjà pris place parmi ces nouvelles technologies et se développe sûrement sur le marché de la technologie. Les capteurs IdO génèrent les données nécessaires pour créer le bon jumeau numérique qui reflète le jumeau physique avec toutes ses fonctionnalités. L'intégration du monde physique et numérique crée des solutions aux problèmes de conception, d'ingénierie et de production. Les produits coûteux à tester en conditions réelles et les procédures complexes sont testés sur des jumeaux numériques. Un prototype peut estimer l'analyse numérique de la fabricabilité.

L'informatique quantique

L'informatique quantique est un domaine multidisciplinaire comprenant des aspects de l'informatique, de la physique et des mathématiques qui utilise la mécanique quantique pour résoudre des problèmes complexes plus rapidement que sur des ordinateurs classiques (Amazon). L'informatique quantique est une technologie en émergence rapide qui exploite les lois de la mécanique quantique pour résoudre des problèmes trop complexes pour les ordinateurs classiques. En effet pour résoudre les problèmes complexes ou non complexes les ordinateurs classiques se basent sur la manipulation des bits (0 ou 1) alors que pour un ordinateur quantique les opérations ne sont plus basées sur la manipulation de bits dans un état 0 ou 1, mais de qubits en superposition d'états 1 et/ou 0. Ainsi, un ordinateur quantique utilise des qubits pour exécuter des algorithmes quantiques multidimensionnels.

Pour certains problèmes, les superordinateurs ou supercalculateurs ne sont pas si super. Lorsque les scientifiques et les ingénieurs rencontrent des problèmes difficiles, ils se tournent vers les superordinateurs. Ce sont de très gros ordinateurs classiques, souvent avec des milliers de cœurs CPU et GPU classiques. Cependant, même les supercalculateurs ont du mal à résoudre certains types de problèmes. Si un supercalculateur est bloqué, c'est probablement parce qu'on a demandé à la grosse machine classique de résoudre un problème d'un degré de complexité élevé. Lorsque les ordinateurs classiques échouent, c'est souvent à cause de la complexité. Les problèmes complexes sont des problèmes avec beaucoup de variables interagissant de manière compliquée. Par exemple, la modélisation du comportement d'atomes individuels dans une molécule est un problème complexe, car tous les différents électrons interagissent les uns les autres. Déterminer les itinéraires idéaux pour quelques centaines de pétroliers dans un réseau maritime mondial est également complexe.

Les ordinateurs quantiques sont des machines élégantes, plus petites et nécessitant moins d'énergie que les supercalculateurs. Un processeur IBM Quantum est une plaquette pas beaucoup plus grande que celle trouvée dans un ordinateur portable. Et un système matériel quantique a à peu près la taille d'une voiture, composée principalement de systèmes de refroidissement pour maintenir le processeur supraconducteur à sa température de fonctionnement ultra-froide. L'avantage de l'informatique quantique sur l'informatique classique est que cette première exploite deux phénomènes de la mécanique quantique : **l'intrication quantique** et **la superposition.**

L'intrication quantique est un effet mécanique quantique qui corrèle les comportements de deux choses distinctes. Lorsque deux qubits sont intriqués, les modifications apportées à un qubit ont un impact direct sur l'autre. Les algorithmes quantiques exploitent ces relations pour trouver des solutions à des problèmes complexes.

La superposition : Un qubit lui-même n'est pas très utile. Mais il peut effectuer une astuce importante : placer les informations quantiques qu'il contient dans un état de superposition, qui représente une combinaison de toutes les configurations possibles du qubit. Des groupes de qubits en superposition peuvent créer des espaces de calcul complexes et multidimensionnels. Les problèmes complexes peuvent être représentés de nouvelles façons dans ces espaces.

Il existe différents types d'architectures d'informatique quantique, telles que l'informatique quantique basée sur des portes, topologique et adiabatique, chacune avec ses propres avantages et inconvénients. L'informatique quantique en est encore à ses premiers stades de développement et les ordinateurs quantiques commerciaux ne sont pas encore largement disponibles. Le développement et la mise en œuvre de l'informatique quantique sont également confrontés à divers défis, tels que la gestion des erreurs et de la décohérence et le développement d'algorithmes et de logiciels pouvant tirer parti des propriétés uniques des ordinateurs quantiques. L'informatique quantique est un facteur déterminant à l'aune de la quatrième révolution industrielle parce qu'il ouvre le champ de possible dans le traitement de la masse de données.

Informatique de nuages et informatique de périphérie

L'informatique de nuages ou le cloud computing fait référence à la fourniture de services informatiques sur Internet, tandis que l'Edge computing ou l'informatique de périphérie fait référence à la distribution de la puissance de calcul plus près de la source de données.

Le cloud computing fait référence à la fourniture de services informatiques, y compris les serveurs, le stockage, les bases de données, la mise en réseau, les logiciels, l'analyse et l'intelligence, sur Internet (« le cloud ») pour offrir une innovation plus rapide, des ressources flexibles et des économies d'échelle. Le cloud computing permet aux utilisateurs d'accéder à leurs données et applications de n'importe où, et d'augmenter ou de réduire leurs ressources selon les besoins. Il existe trois principaux types de cloud computing :

Infrastructure en tant que service (IaaS) : elle fournit aux utilisateurs des ressources informatiques virtualisées telles que des serveurs, du stockage et des réseaux.

Plate-forme en tant que service (PaaS) : elle fournit aux utilisateurs une plate-forme pour développer, exécuter et gérer des applications sans avoir à gérer l'infrastructure sous-jacente.

Logiciel en tant que service (SaaS) : il fournit des applications logicielles sur Internet, sur la base d'un abonnement.

D'autre part, l'informatique de périphérie est un paradigme informatique distribué qui rapproche le calcul et le stockage des données des appareils qui génèrent et consomment les données. Il permet le traitement des données à la périphérie du réseau, près de la source des données, plutôt que d'envoyer toutes les données à un emplacement central pour le traitement. Cela permet un traitement plus rapide et plus efficace, tout en réduisant la quantité de données devant être transmises sur le réseau. L'informatique de périphérie peut être utilisée dans diverses applications telles que l'IdO, les véhicules autonomes et l'automatisation industrielle, où une faible latence, une bande passante élevée et une haute fiabilité sont requises.

L'informatique de nuages et l'informatique de périphérie sont tous deux importants et ont leurs propres avantages et inconvénients. L'informatique de nuages offre l'avantage de l'évolutivité, de la rentabilité et de l'accès à un large éventail de ressources, tandis que l'informatique de périphérie offre l'avantage d'une faible latence, d'une bande passante élevée et d'un traitement des données en temps réel.

Conclusion

La Quatrième Révolution Industrielle est le résultat de l'évolution de la révolution numérique au cours de ces dernières décennies. Outre les technologies énumérées dans ce chapitre, plusieurs technologies en cours de développement telles que les nouveaux matériaux (exemple du graphène), la nanotechnologie, la neurotechnologie… peuvent être citées.

Ces technologies devraient avoir un impact profond sur l'économie, la main-d'œuvre et la façon dont nous vivons et interagissons. Ils offrent de nombreuses opportunités d'innovation, de productivité et d'amélioration de la qualité de vie, mais posent également des défis importants, notamment le déplacement d'emplois, les risques de cybersécurité et les problèmes sociaux et éthiques potentiels.

Chapitre 2
L'Impact des Bouleversements en Cours

Introduction

La Quatrième Révolution Industrielle est d'une évidence sans précédent, elle a déjà déclenché des changements économiques et sociopolitiques dont l'envergure dans le futur est difficile à prédire avec précision. Quoique notre essai est relatif à l'Afrique, ces changements économiques, politiques, éducationnels et socioculturels sont universels. Le physicien Stephen Hawking a répondu à une question sur l'avenir du travail et des emplois en reconnaissant que « si les machines produisent tout ce dont nous avons besoin, le résultat dépendra de la façon dont les choses sont distribuées. Tout le monde peut profiter d'une vie de loisirs luxueux si la richesse produite par les machines est partagée, ou la plupart des gens peuvent finir misérablement pauvres si les propriétaires des machines font pression avec succès contre la redistribution des richesses. Jusqu'à présent, la tendance semble aller vers la deuxième option, la technologie étant le moteur d'une inégalité toujours croissante ». Dans ce chapitre, nous tenterons néanmoins de décrire et d'examiner les types d'impacts sur l'économie, les États, les entreprises, les sociétés et les individus.

Le fait le plus notoire de ces bouleversements est que désormais le pouvoir n'est plus centralisé. Les relations entre les acteurs d'une entreprise, entre les gouvernements et leurs citoyens, ou encore entre les États, sont sujettes au phénomène de l'autonomisation ou de l'émancipation qui impose une répartition du pouvoir. Si nous prenons une illustration simple des réseaux sociaux où aujourd'hui des personnes dites « influenceurs » peuvent tenir des propos qui auront un impact sur des milliers de personnes dans un pays, contrairement à un communiqué du gouvernement. Ce qui veut dire que malgré les lois de régulations en vigueur, la réussite de la gestion d'un pays ou d'une collectivité nécessite plus de collaboration et d'interaction entre les parties prenantes. Dans ce chapitre, nous nous intéresserons seulement à l'impact sur le travail, les emplois, la défense et l'éducation.

La Nature du Travail

Première certitude, le passage à la quatrième révolution industrielle s'accompagne forcément de pertes d'emplois. En cause notamment : le coût d'exploitation des robots et des imprimantes 3D, moins élevé que celui de la main-d'œuvre. D'après l'étude L'Automatisation et l'avenir de l'industrie en Afrique du think tank londonien Overseas Development Institute, en 2034, un ouvrier kényan coûtera en effet plus cher que l'utilisation d'un robot. Les tâches répétitives, comme celles exercées par les ouvriers des mines, seront les premières remplacées. Mais, pour Georgina Hutchinson, chercheuse à l'Institut Tony Blair, ça n'est pas forcément une mauvaise nouvelle. « L'automatisation met en danger les emplois existants, c'est un fait. Mais les robots peuvent aussi avoir l'avantage d'exercer des travaux difficiles et fastidieux. Ça peut être une chance pour l'Afrique », explique-t-elle. Avec la quatrième révolution industrielle, le continent pourrait donc rattraper son retard en matière d'industrialisation. Car, au contraire des États déjà industrialisés qui doivent désormais repenser leurs anciens systèmes, les pays africains ont un train d'avance : ils peuvent passer directement à l'étape de l'usine du futur.

Un autre paradigme de transformation du capital humain est en cours : « le cloud humain ». Le « cloud humain » détruit progressivement le modèle traditionnel du travail (recrutement CDI, CDD). Il s'agit d'une nouvelle façon de travailler grâce aux plates-formes, dans un monde basé sur le mode projet où les collaborateurs se rencontrent et travaillent ensemble en dehors du modèle traditionnel du CDI. Le cloud humain s'intéresse donc aux modalités d'organisation et en particulier à tous ces outils et ces applications qui transforment la manière dont nous travaillons passant d'un monde physique à un monde connecté basé sur le mode projet et la production tangible des résultats. Le cloud humain permettra donc de faire appel à des compétences partout dans le monde, ce qui sera une manière de libérer le capital humain de l'organisation à la fois en termes de qualité, de quantité et de productivité. Il est vraisemblable qu'à long terme le développement de cloud humain pose un problème d'ordre éthique, qui nous obligera à inventer de nouvelles modalités du contrat social et du contrat du travail afin de limiter, peut-être, l'automatisation des emplois et la déshumanisation. C'est ce problème que la professeure de management Lynda Gratton expose dans son livre prémonitoire *The Shift: The Future of Work is Already Here.*

Ce qui est certain, la nature du travail à l'ère de la Quatrième Révolution Industrielle changera fondamentalement, ce changement se fait déjà sentir et l'Afrique n'est pas épargnée. Au-delà des conjectures sur la nature du travail dans un futur proche, il faut noter que tout dépendra des décisions politiques et institutionnelles que nous aurons à adopter.

L'impact sur les emplois les compétences et l'entreprise

Avec la prolifération des algorithmes sophistiqués d'analyse et de prise de décision, et la montée des plates-formes « cloud humain », plusieurs compétences dans le secteur industriel, en assurance et banques et dans beaucoup d'autres secteurs ne seront plus exigés. Les emplois qui seront les moins exposés au risque d'automatisation seront ceux qui exigent les compétences sociales et créatives ; mais avec l'avènement des intelligences artificielles génératives, nous ne sommes pas sûrs qu'ils resteront moins vulnérables dans le long terme. Ainsi, face aux rapides mutations, la capacité d'anticiper les tendances de l'emploi ainsi que les compétences nécessaires pour s'adapter devient fondamentale pour tous les acteurs en présence ; certes en fonction des spécificités propres à chaque secteur et à chaque pays au cours de cette révolution.

Le passage à la quatrième révolution industrielle s'accompagne impérativement de perte massive d'emplois due au coût d'exploitation des imprimantes 3D et des robots moins élevé que celui de la main-d'œuvre. Plusieurs tâches répétitives dans les banques, les transports, l'administration, les mines, etc. sont en train d'être remplacées. Par exemple, une voiture autonome supprime l'emploi d'un chauffeur de taxi. Nous pouvons empiriquement affirmer que nous sommes à une période de transition critique en ce qui concerne le marché de l'emploi. Aussi est-il urgent de réfléchir sur des mesures anticipatoires afin d'éviter la grande vague de mouvements sociaux en cours, qui seront dus aux pertes d'emplois.

De la Guerre Classique à la Guerre Cybernétique et Automatisée

La guerre moderne va être beaucoup plus cybernétique (la cyberguerre) et robotique. Si l'on parle aujourd'hui de cyberguerre, c'est à cause de l'enjeu majeur que représente le cyberespace pour chaque nation. Les guerres de nos jours, et du futur ne se limitent ou ne se limitent plus seulement aux théâtres d'affrontements d'une guerre classique tels que l'espace terrestre, maritime et aérien, mais s'étendent désormais à un espace virtuel crucial : le cyberespace. Dans un monde de plus en plus connecté, toute guerre entre deux acteurs a une dimension cybernétique parce que chaque acteur se livrerait certainement à la tentation de brouiller ou détruire les objets connectés, les systèmes de communication et de prise de décision de son adversaire. La guerre russo-ukrainienne, débutée le 24 février 2022 en est une parfaite illustration, car quelques mois avant et pendant l'invasion de l'Ukraine par la Russie les cyberattaques sont perpétrées aussi bien par la Russie contre les institutions ukrainiennes, que par l'Ukraine contre les institutions russes. Dans un rapport mené par le géant américain de l'informatique Microsoft, il est mentionné que des groupes liés à l'État russe ont mené plus de 200 attaques informatiques contre l'Ukraine et ses infrastructures depuis les prémices de l'invasion. Tom Burt, vice-président de Microsoft en charge de la sécurité client, affirme dans son résumé du rapport : « Les cyberattaques russes ont été déployées pour soutenir les objectifs stratégiques et tactiques de l'armée. Il est probable que les attaques que nous avons observées ne sont qu'une fraction de l'activité qui vise l'Ukraine ».

La conception des robots militaires par des entreprises comme Boston Dynamics et la fabrication des armes autonomes pilotées par l'intelligence artificielle sont un présage que les guerres à venir seront hautement automatisées. Mais la prochaine guerre, surtout si elle est menée entre de grandes puissances, peut avoir étonnamment peu de choses en commun avec les guerres du passé. Elle peut se dérouler de manière totalement imprévue, dépassant rapidement les limites intellectuelles des penseurs militaires les plus créatifs. La prochaine guerre entre grandes puissances sera la première guerre de la quatrième révolution industrielle, et elle pourrait bouleverser de façon spectaculaire tout ce que nous pensons savoir sur le caractère de la guerre moderne.

L'Éducation 4.0

Le secteur de l'éducation subit également une profonde transformation due à la Quatrième Révolution Industrielle.

Les avancées technologiques, telles que l'IdO, les capteurs et l'automatisation, ont déjà eu un impact sur le système éducatif africain actuel de diverses manières. De plus, l'éducation repose aujourd'hui fortement sur les systèmes de communication virtuels et les plates-formes numériques. Cependant, le système éducatif africain est toujours confronté à des problèmes de protocole Internet et de systèmes de communication. Les acteurs de l'éducation, surtout des pays africains, doivent cerner et prendre au sérieux les mutations en cours dans la transmission de la connaissance. Si l'on prend par exemple le secteur de l'enseignement primaire en Afrique, on constate une très faible numérisation de ce secteur. L'enseignement primaire ne doit plus se limiter à la méthode traditionnelle c'est-à-dire l'élève suit le cours magistral de son enseignant et prend note dans un cahier, mais doit subir de profondes réformes afin que chaque apprenant dès le primaire soit équipé d'un ordinateur ou d'une tablette équipée d'outils numériques pour son éducation. Ce sont les nouveaux équipements scolaires de l'éducation à l'ère de l'industrie 4.0 que nous désignons ici par le terme « Éducation 4.0 ».

En raison de la Quatrième Révolution Industrielle, des établissements d'enseignement novateurs et avancés ou émergents offrent une éducation, une recherche et des services différemment, y compris des cours en ligne ouverts et massifs (MOOC), des salles de classe virtuelles, des bibliothèques virtuelles, des laboratoires virtuels et des éducateurs virtuels.

Les disciplines devront être ciblées pour donner certaines compétences et inclure de nouveaux contenus, la classe mettra davantage l'accent sur la résolution de problèmes, la pensée critique et l'innovation afin que les étudiants deviennent plus créatifs. L'industrie 4.0 reste floue et difficile à prédire avec précision. Cependant, la nouvelle ère de modernisation de l'éducation se concentre sur les domaines de l'industrie 4.0 tels que : Internet des objets (IdO), cloud computing, réalités augmentées (AR), intelligence artificielle qui sont un élément clé de l'industrie 4.0. L'objectif de la pensée sur l'amélioration de la méthode d'enseignement en classe en utilisant l'industrie 4.0 est que la majorité des appareils sont connectés à Internet, une technologie et des applications supplémentaires seront intégrées dans les plans de cours et les activités en tant que nouvelle méthode d'enseignement et gestion de la salle de classe. Les appareils IdO les plus couramment utilisés en classe, tels que : tableaux blancs interactifs, tablettes et appareils mobiles, imprimantes 3D, serrures de porte sans fil, systèmes de suivi des présences…, la salle de classe doit disposer d'un Wi-Fi fiable, formation des enseignants, réseau robuste, bande passante, analyse de réseau… Avec l'AR, le matériel pédagogique permet aux étudiants de s'immerger dans un monde virtuellement amélioré, ce qui encourage les apprenants à utiliser leur imagination et à découvrir les possibilités du nouveau monde, en apprenant de nouvelles choses de manière interactive.

En d'autres termes, l'industrie 4.0 exigera que le monde produise un nouveau type de travailleur : un travailleur du savoir. Les dirigeants et les gestionnaires de l'industrie de demain doivent posséder de nouvelles compétences pour s'adapter, gérer et tirer parti de l'industrie 4.0. Ils doivent être des penseurs critiques, des résolveurs de problèmes, des innovateurs, des communicateurs et fournir un leadership axé sur les valeurs. Ils doivent être capables de voir au-delà de la technologie en jeu les implications pour la société de l'utilisation de cette technologie. Ces traits définissent le travailleur du savoir. Ils doivent connaître la technologie, mais être capables de relever et de résoudre tous les aspects des défis engendrés par cette technologie. Ce type de leader nécessite une nouvelle approche de l'éducation.

Conclusion

Les changements inéluctables de l'usine du futur peuvent être une malédiction ou une opportunité pour les pays africains. Tout dépendra des décisions gouvernementales vis-à-vis de ce phénomène. Une malédiction parce qu'il y aura des pertes inattendues d'emplois dans presque tous les secteurs, auxquelles il faudra compenser afin d'éviter des mouvements sociaux dus au mécontentement des travailleurs licenciés. Une opportunité parce que la quatrième révolution industrielle offre à l'Afrique une possibilité de rattraper son retard en matière d'industrialisation. L'industrie du futur est une chance formidable pour le continent si les Africains prennent conscience des avantages qu'offrent la robotique et les imprimantes 3D. Pendant que les pays industrialisés fournissent des efforts pour se passer des vieilles méthodes industrielles, les pays africains ont une avance, car ils peuvent passer directement à l'industrie du futur. Si l'Afrique veut rester compétitive dans l'économie mondiale, elle doit saisir cette opportunité. En plus, si les pays africains misent sur la formation en symbiose avec le numérique, cette ère industrielle peut-être celle d'une intégration réussie des populations africaines.

Chapitre 3
L'Afrique face à la Quatrième Révolution Industrielle

Introduction

Aujourd'hui, l'expérience montre que les pays africains, plus de soixante ans après leur affranchissement du joug colonial, n'ont pas réussi leur politique d'industrialisation comme conséquence, ils ont des économies faibles. À partir du moment où les pays africains ont des économies faibles, il est normal qu'ils acceptent les diktats des pays riches ; et c'est de bonne guerre… Nous voulons que les Africains prennent conscience de ces enjeux. Deux sortes d'enjeux : les enjeux scientifiques et technologiques et les enjeux de création d'un espace économique commun ; autrement les pays africains se verront complètement marginalisés du reste du monde et seront continuellement en proie à la mondialisation. Ce qui nous concerne dans cet essai, ce sont les enjeux scientifiques et technologiques. À l'ère de la digitalisation et de la connectivité, de la généralisation des imprimantes 3D, de la biotechnologie et de l'intelligence artificielle, les secteurs socio-économiques et industriels subissent des transformations profondes. Nous sommes persuadés que le futur appartiendra aux scientifiques, aux ingénieurs et surtout aux électroniciens, mathématiciens et informaticiens, car ils seront au cœur de la modélisation et de la conception des systèmes intelligents complexes pour les prises de décision et la gestion de la big data. D'ailleurs lors d'un débat sur la transformation digitale de l'industrie au 46e Forum Économique de Davos, le patron de Salesforce Marc Benioff a affirmé : « *La vitesse est la nouvelle monnaie* » et au directeur de HP, Meg Whitman de renchérir : « *Le futur appartient au rapide* ».

Le monde dans lequel nous vivons est un monde qui est en ébullition constante et le progrès technologique et scientifique est un facteur majeur de ces mutations… Aujourd'hui, le changement de la nature de l'économie est un fait. L'économie n'est plus axée uniquement sur la production des richesses. En d'autres termes, il y a une déconnexion entre la production et les finances parce qu'aujourd'hui l'on peut se faire beaucoup d'argent en bourse par des opérations d'intermédiation qui n'ont rien à voir avec la production réelle (ce phénomène est encore plus accentué depuis l'avènement des cryptomonnaies). Les matières premières sont en train de perdre considérablement de leur impact dans l'économie. Cette déconnexion entre la production et les finances a donné naissance à un concept : l'économie de la connaissance. Face aux progrès technologiques de la quatrième révolution industrielle, que fournira l'Afrique, continent essentiellement exportateur des matières premières face aux pays du Nord qui domine la scène scientifique et industrielle mondiale ? La compétitivité des pays africains face à cette ère de grands bouleversements est-elle possible ? Ce sont les questions auxquelles nous nous contenterons de répondre dans la suite de ce chapitre. Pour y répondre, nous allons dans un premier temps dresser le tableau de la compétitivité des pays du Nord dans le contexte de la Quatrième Révolution Industrielle, puis dresser un bilan des initiatives africaines susceptibles de rendre à l'Afrique sa souveraineté numérique afin de la maintenir compétitive face au reste du monde.

Souveraineté Numérique ou Cyber Souveraineté

La question de la souveraineté numérique est un enjeu majeur, voire vital à l'aune de la quatrième révolution industrielle où l'ubiquité informatique a entraîné une ultra-connectivité des personnes et objets. L'enjeu est d'ordre politique, stratégique, économique, éthique, éducationnel, sécuritaire et écologique. La souveraineté numérique ou la cyber souveraineté est l'application des principes de souveraineté au cyberespace. En 2011, Pierre Bellanger, président de Skyrock, affirmait dans un entretien accordé à la revue Le Débat : « la souveraineté numérique est la maîtrise de notre présent et de notre destin tels qu'ils se manifestent et s'orientent par l'usage des technologies et des réseaux informatiques ». C'est un fait irréfutable que la souveraineté nationale et la souveraineté numérique sont intrinsèquement liées (pareil pour la souveraineté numérique des entreprises). Nous baignons dans un océan numérique en perpétuelle mutation causée par des innovations continuelles.

Le numérique englobe les sites web et les applications mobiles, mais pas seulement. C'est aussi et surtout l'industrie électronique, les télécommunications, les données… Retenons que les conséquences ne sont pas maîtrisées lorsqu'une industrie ne l'est pas non plus, ce qui signifie que nous ne maîtrisons ni le stock de produits/services, ni les données, ni la confidentialité. En effet, la notion de la cyber souveraineté a pris son élan suite à l'affaire Snowden. **L'affaire Snowden** est l'un des plus grands scandales que les services de renseignements américains aient connus. En juin 2013, une fuite de données générée par Edward Joseph Snowden, un jeune informaticien et lanceur d'alerte américano-russe, révéla au monde entier les détails de plusieurs programmes de surveillance de masse américains et britanniques. À partir de ce moment, tous les pays s'intéressent aux enjeux de la cybersécurité, car chaque État veut avoir la capacité à opérer et agir dans le cyberespace.

Qui parle de souveraineté numérique parle de la maîtrise de la technologie, ce qui n'est pas le cas pour les pays africains. Pour maîtriser les technologies de l'information et de la communication et savoir les tenants et les aboutissants du flux de données dans un cyberespace, il faut d'abord maîtriser l'industrie de pointe, c'est-à-dire parvenir à fabriquer soi-même ses propres équipements électroniques et informatiques. Ensuite, il faut être en mesure de mettre en place des systèmes logiciels TIC alternatifs à ceux régis par les normes et le droit américains, à l'instar des systèmes d'exploitation et logiciels utilisés par nos ordinateurs. Malheureusement, l'Afrique est très en retard dans le domaine de l'industrie de pointe et également dans le domaine de l'ingénierie logiciel. Nous sommes des consommateurs des innovations venus d'ailleurs. Pour maîtriser le cyberespace est-il nécessaire de maîtriser l'industrie électronique et des télécommunications ? La réponse est nettement OUI. Un fait qui corrobore ce point de vue est celui de la guerre économique entre les États-Unis d'Amérique et la Chine. En mai 2020, l'administration de Donald Trump avait imposé aux sous-traitants de Huawei de demander une autorisation pour utiliser des composants américains, bloquant de fait la fourniture à l'équipementier de produits fabriqués par des sociétés établies aux États-Unis. La décision avait pénalisé l'activité du groupe, notamment dans le secteur des smartphones, où Huawei a presque disparu du marché. Les USA sont allés plus loin en déconseillant à leurs alliés les équipements 5G du géant chinois des télécoms Huawei parce que l'administration américaine craint un éventuel espionnage du gouvernement chinois à des fins économiques, politiques et stratégiques. Interrogé sur la question par la chaîne Arte, un expert en cybersécurité a affirmé que vu la complexité des systèmes de communications, si l'entreprise Huawei veut profiter de ses équipements 5G pour espionner d'autres États, elle pourrait le faire (même si ce n'est pas l'intention de Huawei la possibilité n'est pas exclue). Ce qui voudrait dire que celui qui fabrique nos matériels de télécommunication, celui à qui appartiennent les satellites que nous utilisons pour communiquer, celui qui conçoit les systèmes logiciels et nous fournit la connexion internet peut facilement nous contrôler par conséquent, espionner nos États. Par exemple, le gouvernement chinois ne pourra en aucun cas permettre que les données des Chinois soient gérées par des réseaux sociaux étrangers comme Google ou Facebook ou d'autres réseaux sociaux occidentaux. Ceci illustre bien la notion de la souveraineté numérique. Nous vivons dans une ère où l'information est capitale et celui qui possède les données d'une population peut la contrôler et la manipuler à sa guise. Fort de ce constat, nous pouvons affirmer que le cyberespace africain est hautement vulnérable.

Actuellement, les GAFAM (Google, Apple, Facebook, Amazon et Microsoft) contrôlent une quantité importante de données de leurs utilisateurs, et plus ils en ont, plus leur influence est importante. Il est donc important et pressant pour les pays africains d'avoir cette souveraineté numérique en place afin de ne pas être dépendant des puissances étrangères avec l'évolution des technologies du numérique pour la compétition géopolitique en sachant toujours à qui appartient telles technologies, qui le produit ainsi que toutes les règles qui vont avec afin d'assurer la sécurité du territoire et de ses infrastructures en luttant contre les cyberattaques dans cette course numérique mondiale.

La Forte Compétitivité Technologique des Pays du Nord

Les géants mondiaux des innovations de la quatrième révolution industrielle sont les géants américains du web : les GAFAM. GAFAM est l'acronyme des entreprises qui dominent le marché mondial du numérique : Google (Alphabet), Apple, Facebook (Méta), Amazon et Microsoft, parfois également nommés les Big Five. Ils sont souvent critiqués surtout sur le marché numérique et internet *occidental* pour leur compétitivité prédatrice envers les nouvelles entreprises, pour leur emprise sur l'intelligence artificielle, la réalité augmentée, parmi tant d'autres domaines du numérique qui menacent la souveraineté des États.

Selon certains économistes, une nouvelle phase de l'histoire économique aurait commencé depuis les années 1990, c'est l'économie de la connaissance ou l'économie du savoir ou encore le capitalisme cognitif ayant pour fondement l'informatisation de la société. Ainsi, en 2009, lors de la conférence de la Commission Européenne à Göteborg en Suède, portant sur le thème « le triangle de la connaissance à la source de l'avenir de l'Europe », quatre piliers de l'économie de la connaissance ont été définis. Ces piliers sont : recherche-développement, innovation, éducation, technologies de l'information et de la communication. Les GAFAM ont très vite pris conscience de l'enjeu de l'économie de la connaissance en mettant sur pieds des institutions de recherche et développement (R&D) et des plateformes d'innovation dans le domaine de l'apprentissage par machine (machine learning), de l'informatique en nuage (cloud computing), de la connectivité Internet et de la réalité augmentée. Ce qui fait d'eux aujourd'hui des acteurs mondialement imposants, dominants, et des pionniers de l'industrie du futur. L'exploitation des câbles sous-marins de télécommunications dédiés par les GAFAM est une stratégie de ces derniers pour s'affranchir des opérateurs de télécommunications qui se partagent le marché international des télécommunications. Comme conséquence, 99 % du trafic Internet passent par ces câbles dont 80 % du flux transite par les États-Unis, quelle qu'en soit leur destination (Wikipédia). Toujours selon Wikipédia, 57 % de part de marché de l'informatique en nuage est détenu par Amazon, Microsoft et Google ; Microsoft et Apple détiennent à eux seuls 95 % du marché des systèmes d'exploitation pour ordinateur de bureau. Quant au marché des systèmes d'exploitation sur mobiles, Google et Apple détiennent à eux seuls quasiment l'intégralité de la part de marché.

Outre les GAFAM, il existe d'autres géants du numérique et du web dans d'autres régions du monde. Ces entreprises ne sont pas à négliger en ce qui concerne l'innovation digitale. En Chine nous avons ce qu'on appelle les BATX : Baidu, Alibaba, Tencent, et Xiaomi. En Russie nous avons Yandex et VKontakte. À ces géants du numérique et du web viennent s'ajouter d'autres entreprises multinationales qui sont également des acteurs majeurs de la transformation digitale industrielle, impression 3D, intelligence artificielle et de la biotechnologie. Les onze plus grandes entreprises mondiales (par chiffre d'affaires) proposant des solutions de l'Industrie 4.0 sont : OpenAI, Intel Corporation, General Electric Company, IBM Corporation, Siemens AG, Cisco Systems Inc., Mitsubishi Electric Corporation, Honeywell International Inc., Toshiba Corporation, ABB Ltd, Emerson Electric Co.

OpenAI

OpenAI est un laboratoire de recherche privé qui vise à développer et à diriger l'intelligence artificielle (IA) de manière à bénéficier à l'humanité dans son ensemble. La société a été fondée par Elon Musk, Sam Altman et d'autres en 2015 et a son siège social à San Francisco et a le monopole actuellement dans le domaine de la recherche avancée en raisonnement artificiel. OpenAI a été créé en partie à cause des préoccupations existentielles de ses fondateurs concernant le potentiel de catastrophe résultant de la négligence et de l'utilisation abusive de l'IA à usage général. L'entreprise se concentre à long terme sur les avancées fondamentales de l'IA et de ses capacités. Les fondateurs de la société et d'autres investisseurs ont démarré la société avec une dotation de 1 milliard de dollars. En février 2018, Elon Musk a quitté l'entreprise en raison d'un potentiel conflit d'intérêts avec son travail chez Tesla, la société automobile et d'énergie propre inspirée par Nikola Tesla. L'intention déclarée de l'entreprise – de travailler vers une intelligence générale artificielle (IAG) sûre, pour le bénéfice de l'humanité – se reflète dans son objectif de collaborer librement avec d'autres organisations de recherche et individus. Les recherches et les brevets réalisés par la société sont destinés à rester ouverts au public sauf dans les cas où ils pourraient affecter négativement la sécurité.

OpenAI se concentrait à l'origine sur le développement d'outils d'intelligence artificielle et d'apprentissage automatique pour les jeux vidéo et à d'autres fins récréatives. Moins d'un an après sa fondation officielle le 11 décembre 2015, elle a publié sa première offre d'IA, une boîte à outils open source pour développer des algorithmes d'apprentissage par renforcement, appelée OpenAI Gym. Au cours des deux années suivantes, OpenAI s'est concentré sur le développement plus général de l'IA et la recherche sur l'IA.

En 2018, OpenAI a publié un rapport pour expliquer au monde ce qu'est un transformateur génératif préentraîné (GPT). Un GPT est un réseau de neurones, ou un modèle d'apprentissage automatique, créé pour fonctionner comme un cerveau humain, et il est formé sur l'entrée (grands ensembles de données) pour produire des sorties (c'est-à-dire des réponses aux questions des utilisateurs). En mars 2019, OpenAI est passé du statut à but non lucratif à celui à but lucratif et est devenu officiellement OpenAI LP, contrôlé par une société mère, OpenAI Inc. Près de deux ans plus tard, en janvier 2021, OpenAI a introduit Dall-E, un modèle d'IA génératif qui analyse le texte en langage naturel des utilisateurs humains, puis génère des images basées sur ce qui est décrit dans le texte. Le produit le plus connu de l'entreprise est peut-être ChatGPT, sorti en novembre 2022 et annoncé comme le chatbot le plus avancé au monde pour sa capacité à fournir des réponses aux utilisateurs sur une gamme apparemment illimitée de sujets. Ses avantages et ses inconvénients, ainsi que ses utilisations dans diverses industries, font encore débat.

Partenariat entre Microsoft et OpenAI

Début 2023, Microsoft s'est publiquement engagée à investir plusieurs milliards de dollars dans OpenAI, mais son intérêt pour l'entreprise n'est pas nouveau. En juillet 2019, OpenAI s'est engagé dans un partenariat pluriannuel avec Microsoft dans lequel la plate-forme cloud de Microsoft, Azure, a été améliorée par des produits informatiques basés sur l'IA. Le dernier investissement de Microsoft dans OpenAI s'étend à Bing, son moteur de recherche. La société utilise la même technologie développée pour ChatGPT pour produire une version de Bing infusée par l'IA. Parallèlement, des fonctionnalités basées sur l'IA ont également été ajoutées au navigateur Edge de Microsoft, et la fonctionnalité ChatGPT est ajoutée aux produits Microsoft 365 comme Outlook et Teams.

Les Grands Projets d'OpenAI

OpenAI a été jugé révolutionnaire pour ses offres de produits remarquables, qui incluent les projets suivants :

1) GPT-3 : Ce puissant modèle de langage sert de base à d'autres produits OpenAI. Il analyse le texte généré par l'homme pour apprendre à générer lui-même un texte similaire.

2) DALL-E et DALL-E 2 : Ces plates-formes d'IA génératives peuvent analyser les descriptions textuelles des images que les utilisateurs veulent qu'ils produisent, puis générer ces images exactement comme elles sont décrites.

3) CLIP : CLIP est un réseau de neurones qui synthétise les visuels et le texte les concernant pour prédire les meilleures légendes possibles qui décrivent le plus précisément ces visuels. En raison de sa capacité à apprendre à partir de plusieurs types de données (images et texte), elle peut être classée comme une IA multimodale.

4) ChatGPT : ChatGPT est actuellement le chatbot IA le plus avancé conçu pour générer du texte humain et produire des réponses aux questions des utilisateurs. Ayant été formé sur de grands ensembles de données, il peut générer des réponses et des réponses comme le ferait un humain.

5) Codex : Codex a été formé sur des milliards de lignes de code dans divers langages de programmation pour aider les développeurs de logiciels à simplifier les processus de codage. Il est basé sur la technologie GPT-3, mais au lieu de générer du texte, il génère du code.

6) Whisper: Whisper est étiqueté comme un outil de reconnaissance automatique de la parole (ASR). Il a été formé sur une multitude de données audio afin de reconnaître, transcrire et traduire la parole dans environ 100 langues différentes, y compris le langage technique et les différents accents.

Malgré toutes ces avancées rapides, OpenAI n'a pas été à l'abri des critiques, tant dans le monde de la technologie qu'au-delà. Le passage de l'entreprise du statut « à but non lucratif » au statut « à but lucratif plafonné » en 2019, a alimenté les critiques selon lesquelles son engagement à travailler avec d'autres sur la construction d'une intelligence artificielle générale « sûre et bénéfique » était devenu une « course aux armements IA » axée sur le profit pour produire la plus avancée Technologie IA sur le marché. Simultanément, d'autres ont exprimé des inquiétudes quant au manque croissant de transparence d'OpenAI sur la manière dont ses produits révolutionnaires sont développés, compte tenu de son engagement à développer des logiciels open source. Plus récemment, les débuts de ChatGPT fin 2022 ont fait l'objet de nombreuses critiques parallèlement aux éloges généralisés pour ses capacités révolutionnaires. La technologie a été accusée de produire des « hallucinations » ou d'autres réponses factuellement inexactes qui sont ostensiblement intelligentes et bien écrites, mais qui ne résistent pas à l'examen. Bien qu'il s'agisse peut-être de l'inconvénient le plus tristement célèbre de la plate-forme, d'autres incluent son potentiel de plagiat à partir d'autres sources ainsi que ses limites dans la production de réponses sur les actualités les plus récentes. L'ensemble de données avec lequel il a été formé datait de 2021, de sorte que le contenu qu'il génère pourrait desservir ceux qui ont besoin d'informations sur les événements actuels.

Intel Corporation (chiffre d'affaires : 77,87 milliards USD)

Intel Corporation est une société technologique de renommée mondiale qui propose des solutions de PC, de centre de données, d'Internet Industriel des objets (IIoT) et de cloud computing. Basé à Santa Clara, en Californie, le conglomérat technologique américain est présenté comme le plus grand fabricant mondial d'ordinateurs personnels

(PC), de puces à semi-conducteurs et de microprocesseurs. Les technologies et solutions de l'industrie 4.0 d'Intel sont renforcées par l'Internet Industriel des objets (IIoT) et l'informatique de pointe, et ces solutions permettent aux fabricants d'augmenter l'efficacité opérationnelle, de réduire les coûts, d'analyser les données plus rapidement, d'automatiser les processus de fabrication et de réduire les temps d'arrêt. Le portefeuille matériel comprend des infrastructures et des solutions IoT, Edge, IA et cloud qui définissent de nouveaux niveaux de productivité et maximisent les revenus.

General Electric Company (chiffre d'affaires : 62 milliards USD)

Basée à Boston, aux États-Unis, General Electric Company, en abrégé GE, est un leader mondial offrant des technologies et des solutions de pointe pour les secteurs de la fabrication, de la santé, de l'électronique, de l'aviation, de l'énergie et de l'électricité, de l'automobile et des services financiers. En 2020, la société a été classée 33e plus grande entreprise aux États-Unis sur « Fortune 500 List ». Le portefeuille exclusif de solutions numériques connectées de GE est de plus en plus déployé dans diverses industries pour l'automatisation des usines, une agilité opérationnelle accrue et une productivité et une rentabilité améliorées dans la fabrication. De plus, ces solutions facilitent la collecte de données, l'architecture d'intégration d'entreprise, la gestion de la qualité des processus et l'intégration des équipements de production.

IBM Corporation (chiffre d'affaires : 62 milliards USD)

Conglomérat technologique américain de premier plan, International Business Machines (mieux connu sous le nom d'IBM Corporation) est spécialisée dans la production de matériel informatique et de produits logiciels, et propose une large gamme de services d'hébergement et de conseil. Incorporée et basée à New York, la société opère dans plus de 171 pays à travers le monde, et certaines des inventions majeures incluent le guichet automatique bancaire (GAB), la carte à bande magnétique, le disque dur, le code-barres UPC et le langage de programmation SQL. Les solutions révolutionnaires de l'industrie 4.0 proposées par IBM comprennent la gestion des actifs d'entreprise, la gestion des performances des actifs, la gestion des actifs d'infrastructure, la gestion de la chaîne d'approvisionnement, l'ingénierie des systèmes, la gestion des installations, la collaboration B2B et la sécurité des travailleurs et du lieu de travail.

Siemens AG (chiffre d'affaires : 65,80 milliards USD)

Basée à Munich, en Allemagne, Siemens AG est la plus grande entreprise de fabrication industrielle en Europe, avec de nombreuses succursales à travers le monde. Le géant allemand de la technologie est reconnu pour ses solutions de pointe en matière d'IA, d'IIoT et d'informatique de pointe pour les secteurs de la fabrication, de la santé, du transport et de la logistique, ainsi que de l'énergie et de l'électricité. Siemens est spécialisé dans les infrastructures intelligentes (solutions d'usine intelligentes et bâtiments et réseaux intelligents), l'Internet des objets, la cybersécurité et les jumeaux numériques. La plate-forme Siemens Digital Industries Software est basée sur un modèle commercial entièrement numérisé qui permet la gestion du cycle de vie des produits 3D et 2D et offre des solutions avancées de robotique, de connectivité cloud et de fabrication additive.

Cisco Systems Inc. (chiffre d'affaires : 51,56 milliards USD)

Cisco Systems, Inc. est une société technologique multinationale dont le siège est à San Jose, en Californie, aux États-Unis. Outre le matériel et les logiciels de mise en réseau avancé et diverses solutions et services de haute technologie, la société propose un IoT, une informatique de pointe, une sécurité de domaine et des solutions de gestion de l'énergie pour un large éventail d'industries. En 2020, Cisco a atteint le premier rang sur la liste annuelle de Fortune Magazine des « 100 meilleures entreprises pour lesquelles travailler en 2021. » Chez Cisco, le concept de l'industrie 4.0 est axé sur la combinaison du monde physique et du monde numérique pour acquérir de nouvelles connaissances sur processus industriels. Le portefeuille de l'industrie 4.0 de Cisco comprend le Big Data, l'IoT, l'IA, la réalité augmentée (AR), la simulation du jumeau numérique, le cloud computing, la cybersécurité, l'intégration de systèmes, les systèmes autonomes et la fabrication additive.

Mitsubishi Electric Corporation (chiffre d'affaires : 39,84 milliards USD)

Leader mondial des équipements électroniques et électriques, Mitsubishi Electric Corporation est l'une des principales sociétés du conglomérat japonais Mitsubishi Group. Basée à Tokyo, au Japon, la société propose des systèmes d'automatisation d'usine de pointe, des appareils électroménagers haut de gamme, des semi-conducteurs, de la signalisation numérique et des systèmes ferroviaires. Les solutions d'automatisation intelligentes de Mitsubishi permettent aux fabricants d'optimiser les processus industriels, de réduire le gaspillage et d'améliorer la rentabilité. Les solutions en informatique de pointe, informatique en nuage, et Internet Industriel des Objets (IIoT) de Mitsubishi Electric améliorent la productivité de l'entreprise, améliorent la qualité des produits, augmentent la flexibilité et l'agilité et, par conséquent, réduisent les temps d'arrêt des équipements.

Honeywell International Inc. (chiffre d'affaires : 32,64 milliards USD)

Honeywell International Inc. est une multinationale américaine dont le siège est à Charlotte, en Caroline du Nord, aux États-Unis. La société s'adresse à divers secteurs, notamment les secteurs de la fabrication, de la santé, de l'aérospatiale, du transport et de la logistique, de la vente au détail et du commerce électronique, ainsi que de l'énergie et de l'électricité. La société a acquis une reconnaissance mondiale pour ses solutions de fabrication industrielle intelligentes. Honeywell s'engage à permettre des performances industrielles de niveau supérieur grâce à ses solutions de pointe de l'Internet Industriel des objets (IIoT). En février 2020, Honeywell s'est associé à Tech Mahindra pour développer les « industries du futur », en tirant parti de leurs capacités uniques d'industrie 4.0, de logiciels, de 5G et des capacités d'innovation numérique.

Toshiba Corporation (chiffre d'affaires : 29,03 milliards USD)

Toshiba Corporation est une multinationale japonaise basée à Minato, Tokyo. La société fabrique une gamme variée de produits et de services, notamment des systèmes d'infrastructures industrielles et énergétiques, des composants électroniques, des semi-conducteurs, des ascenseurs et des escaliers mécaniques, de l'électronique grand public, des appareils électroménagers, des ordinateurs personnels et des équipements médicaux. Les solutions de pointe de l'industrie 4.0 de Toshiba comprennent principalement l'architecture IoT, le cloud, l'informatique de pointe, le big data et les jumeaux numériques. Ces solutions permettent d'augmenter les taux de rendement, d'améliorer l'efficacité de la production dans les sites de fabrication, d'améliorer les taux d'exploitation et de permettre la surveillance et la maintenance à distance des équipements de fabrication.

ABB Ltd (chiffre d'affaires : 98 milliards USD)

ABB Ltd est une société d'automatisation de renommée mondiale basée à Zürich, en Suisse. La multinationale suédo-suisse est l'un des plus grands employeurs industriels de Suisse. Elle est spécialisée dans les technologies d'automatisation, la robotique industrielle et la production d'équipements électriques lourds. Les solutions de fabrication d'entreprise intelligentes de ABB, l'analyse prédictive, l'analyse de données et les solutions de gestion proactive des actifs permettent de surveiller en temps réel l'état de l'équipement, d'augmenter la productivité, de prévoir les pannes, de réduire les temps d'arrêt et de minimiser les coûts de maintenance.

Emerson Electric Co. (chiffre d'affaires : 16,8 milliards USD)

Emerson Electric Co. est un conglomérat multinational dont le siège est situé dans le Missouri, aux États-Unis. L'entreprise de renommée mondiale propose des produits et services d'ingénierie de nouvelle génération pour les marchés industriels, grand public et commerciaux. Automation Solutions et Commercial & Residential Solutions sont les deux principales unités commerciales d'Emerson. Les solutions d'automatisation d'usine de la société comprennent des logiciels de gestion des opérations, des logiciels d'automatisation et de contrôle, des logiciels industriels avancés, des systèmes de gestion des actifs, de contrôle et de sécurité, ainsi que des composants électriques et d'éclairage. L'écosystème numérique Plantweb™ d'Emerson est un portefeuille de solutions industrielles conçues pour améliorer les performances industrielles, numériser les processus de production et renforcer la sécurité et la durabilité des produits.

Il est incontestablement remarquable qu'aucune entreprise ou société africaine ne figure parmi les entreprises citées. Ces entreprises énumérées sont en quelque sorte la boussole qui nous guide vers l'industrie de demain ou la Quatrième Révolution Industrielle. Le continent africain semble être mis en marge des recherches et innovations de l'industrie du futur. Cependant, il y a des initiatives et innovations africaines qui peuvent éclore et s'imposer sur le marché de l'industrie 4.0.

Les initiatives et innovations africaines à encourager

Dans cette section, nous relaterons les différentes initiatives et innovations engagées dans les pays africains et qui pourront permettre à ces derniers d'obtenir leur « souveraineté scientifique et technologique ». D'une part, nous emploierons le terme « souveraineté scientifique et technologique » parce que cette souveraineté est essentielle à l'industrialisation des pays africains, moteur du développement des pays africains. D'autre part, nous emploierons le terme « souveraineté technologique » parce qu'à l'ère de la Quatrième Révolution Industrielle, la sécurité de l'information et des données des États et des entreprises s'avère fondamentale. Pour montrer l'importance de la sécurité des données et informations au niveau des États et entreprises, nous pouvons mentionner l'exemple de la crise technologique sino-américaine en 2020. En mai 2020, l'administration de Donald Trump avait imposé aux sous-traitants de Huawei de demander une autorisation pour utiliser des composants américains, bloquant de fait la fourniture à l'équipementier de produits fabriqués par des sociétés établies aux États-Unis.

Les centres de formation et entreprises innovantes du numérique en Afrique que nous allons citer dans les paragraphes suivants ne sont pas exhaustifs, mais font partie des initiatives et innovations que nous avons pu découvrir au cours de notre recherche. Ils représentent cette Afrique innovante et soucieuse de son autonomisation numérique. Loin de faire la publicité d'une entreprise ou d'un centre de formation quelconque, il est important de les énumérer parmi tant d'autres parce que nous avons la ferme conviction qu'ils sont prometteurs et susceptibles de contribuer à l'émergence industrielle des pays africains ; à condition que les gouvernements africains les financent et les accompagnent dans un élan patriotique.

African Masters in Machine Intelligence (AMMI)

En octobre 2018 à Kigali au Rwanda, l'Institut Africaine des Sciences Mathématiques (African Institute for Mathematical Science), a lancé un programme innovant de Master dénommé African Masters in Machine Learning. Conscients du fait que la Quatrième Révolution Industrielle pourrait être une belle opportunité d'inclusion des populations africaines en constante croissance au marché du travail, les promoteurs du centre de formation AIMS ont lancé le programme AMMI. AMMI est un programme qui offre une formation diplômante en Intelligence Artificielle pour la résolution des problèmes africains. Réalisé en partenariat avec les labs R&D de Google et Facebook, le programme s'étale sur presque un an et prépare les futurs ingénieurs africains à relever les défis du numérique et de la digitalisation des entreprises. Nous sommes persuadés que si ce programme est implanté dans chaque pays africain et bien accompagné par les gouvernements et les investisseurs, il pourrait contribuer massivement à l'éclosion du génie africain dans le domaine de la robotique, de l'impression 3D et dans beaucoup d'autres domaines où l'intelligence artificielle est appliquée.

Le Centre Rwandais pour la Quatrième Révolution Industrielle (Rwanda Center For The Fourth Industrial Revolution)

Annoncé en 2020 à Davos à l'occasion de la signature d'un accord entre le gouvernement du Rwanda et le Forum économique mondial, le Centre pour la quatrième révolution industrielle (C4IR) a ouvert ses portes le 31 mars 2021 en présence du président rwandais Paul Kagame et de son ministre des TIC et de l'innovation. Le C4IR créé par le Forum Économique Mondial de Davos vise à promouvoir la quatrième révolution industrielle ou l'industrie 4.0 par le truchement des technologies émergentes comme l'Internet des objets (IoT), la blockchain, l'intelligence artificielle et l'apprentissage automatique. En mettant en place ce centre, le Rwanda compte tirer profit de ces technologies en augmentant l'accès aux ressources sanitaires, la protection des données et de la vie privée des citoyens… C'est une belle initiative qui doit inspirer d'autres pays africains.

KA Technologies

KA Technologies est une entreprise promotrice des solutions technologiques de l'inventeur Victor Agbegnenou. Le scientifique et chercheur togolais Dr Victor Agbegnenou, formé en Russie puis en France, est un vétérinaire et dépositaire de plusieurs brevets dans le domaine des télécommunications et du numérique. Il s'est surtout fait connaître en développant des technologies adaptées au contexte africain, dont le programme Retice ou le PWCS, une technologie qui permet de distribuer les services de téléphonie, Internet et images, sans recourir au moindre câblage.

Le « Réseau Énergie, Technologie de l'information et de la Communication » (Retice) en éducation est une solution destinée à apporter du numérique à des structures données, des écoles notamment. Il permet, par exemple, aux enseignants et aux étudiants de communiquer à travers des communaux numériques sans connexion internet grâce à une innovation nommée 80/20. « 80 % des besoins de communications sont satisfaits par ce réseau local et, par conséquent, les besoins en internet et d'opérateurs tiers pour communiquer baissent dans la même proportion et avec eux les coûts de connectivité. Les besoins pour les interconnexions et l'internet se résumant à moins de 20 % », soutient le chercheur. Cette innovation exceptionnelle a été déjà testée au sein de certaines entreprises en France, au Sénégal et au Togo. RETICE est une solution destinée à apporter du numérique à des structures données. Par exemple, à l'intérieur des établissements scolaires et des entreprises dans lesquels la solution est installée. En plus du Retice qui fournit une connectivité locale, l'entreprise propose une solution de connectivité à large couverture dénommée RENAC (Réseau Énergie et Numérique pour l'autonomie des collectivités). Avec les réseaux Smart RETICE -RENAC et des tablettes conçues par KA Technologie il est possible d'organiser des classes virtuelles et de faire du télétravail. Cette invention est une aubaine pour la connectivité, surtout des milieux ruraux africains, pour l'employabilité et l'industrialisation. Malheureusement pour l'instant aucun État africain n'a donné l'autorisation à KA Technologies de déployer les réseaux PWCS sur une vaste étendue du territoire national, ce sont des petites entreprises qui ont sollicité, cette technologie à moindres coûts par rapport aux autres technologies de connectivité telle que la fibre optique ;.

En dehors de PWCS, Dr Victor Agbegnenou et son équipe ont mis sur pied d'autres solutions innovantes très intéressantes. Par exemple le DISYS, qui est une innovation révolutionnaire qui permet aux interprètes de pouvoir relier à distance une salle de conférence ou deux chambres de conférence et de gérer deux langues simultanément comme s'ils se trouvaient dans « leur cabine » de salle de conférence.

Le Groupe Cerco

Fondé par le Béninois Dr Alain Capo Chichi, le Groupe Cerco est un pôle d'innovation au service du développement économique, social et culturel, CERCO se positionne depuis plus de 20 ans, comme un centre d'excellence internationale qui forme, place, et valorise des talents qui vont changer le monde et leur environnement de manière positive et exceptionnelle. Le Groupe CERCO basé à Abidjan en Côte d'Ivoire, a un objectif qui consiste à adapter les nouvelles technologies de l'information et de la communication aux réalités africaines. L'Institut Cerco forme des informaticiens du futur et propose une large gamme d'innovations allant de la téléphonie, objets connectés, réalité virtuelle à la robotique. Il possède en son sein un incubateur pour aider les jeunes africains à donner vie à leurs idées novatrices. L'une des plus remarquables innovations de Cerco est le téléphone intelligent baptisé « Open », composé de plusieurs fonctionnalités novatrices et développé par de jeunes ingénieurs ivoiriens. Il s'agit d'un smartphone qui s'adapte à son utilisateur, à son environnement, à ses goûts, à ses besoins. Ce smartphone offre des services de commande vocale accessible dans une cinquantaine de langues africaines.

Tulip Industry

Tulip Industry, fondée par le banquier et inventeur guinéen Mountaga Keita, est une société qui offre des services de haute technologie. Elle fabrique des ordinateurs debout et des tablettes en République de Guinée. Tulip Industry développe des services digitaux dans plusieurs secteurs tels que la santé, l'agriculture…

Aussi faut-il noter que les pays africains à l'instar du Maroc, de l'Afrique du Sud, du Nigeria, de l'Égypte, du Kenya, du Sénégal et du Rwanda regorgent des projets prometteurs en Intelligence Artificielle. Outre le secteur du numérique, le continent africain a des inventeurs dans plusieurs secteurs industriels que les gouvernements et les acteurs du secteur privé doivent soutenir afin d'accélérer l'émergence économique de leurs pays.

Conclusion

La quatrième révolution industrielle est essentiellement cybernétique et numérique et il est la condition sine qua non de maîtriser le cyberespace. La souveraineté des États n'est plus seulement territoriale, mais aussi numérique. Aujourd'hui, un État qui a la maîtrise de l'industrie numérique peut contrôler celui qui n'en possède pas, il en est de même pour les entreprises. Nonobstant le cyberespace africain engoncé par les technologies fournies par les géants de l'industrie de pointe mentionnés dans ce chapitre, les pays africains en pleine transformation numérique doivent songer à se débarrasser des technologies importées en mettant en place des industries de pointe surtout dans le domaine des technologies de l'information et de la communication. L'Afrique ne manque pas des initiatives et d'innovateurs dans ce domaine, mais il suffit d'accompagner financièrement, d'appuyer ces inventeurs et de développer également des programmes mutualisés de recherche scientifique et industrielle dans un élan panafricain.

Conclusion

Notre futur est abscons en raison de l'avènement de la Quatrième Révolution Industrielle entraînant des changements brusques et radicaux des structures économiques et sociales. L'idée d'une quatrième révolution industrielle a germé à la 46e édition du Forum Économique Mondial à Davos en 2016 et a dès lors captivé l'imagination de plusieurs personnes en Afrique et dans le monde entier. Les titres des médias et des articles scientifiques soulignent à la fois le potentiel et le risque associés aux technologies de pointe pour le continent africain. L'intérêt particulier accordé à cette révolution hautement numérique en Afrique n'est pas anodin d'autant plus que selon une étude de Endeavor Group Holdings, pour l'économie numérique africaine, il faudrait environ 712 milliards de dollars d'ici à 2050, soit 8,5 % du PIB continental. Comme les précédentes révolutions, cette révolution est caractérisée par des mutations qui vont profondément transformer nos sociétés. Elle apporte aussi des défis d'ordre éthique et de régulation du cyberespace (cybersécurité, protection de la confidentialité et la vie privée des utilisateurs). Il est donc impérieux de réfléchir aux solutions transitoires en adéquation avec les réalités africaines.

À l'ère de l'économie de la connaissance, les grands bénéficiaires de l'industrie 4.0 sont les détenteurs du capital intellectuel et physique (innovateurs, investisseurs et actionnaires). Dans ce contexte, ceux qui détiennent le capital accumulent les richesses, contrairement à ceux qui dépendent de leur travail. Les Africains, fortement dépendants de leur travail, se situent dans la deuxième catégorie. L'économie numérique en Afrique est principalement tertiaire, c'est-à-dire nous tirons profit des biens et services des technologies et innovations déjà existantes. L'industrie numérique africaine est quasiment inexistante et par conséquent absente sur le marché. Aucun fabricant africain d'équipements de haute technologie en électronique, télécommunications et informatique n'émerge sur le marché mondial. C'est la conséquence de l'inefficacité des politiques industrielles et scientifiques en Afrique. Les pays africains ont pris du retard en ce qui concerne l'industrialisation, depuis les indépendances, leur économie tourne autour de l'exportation des matières premières à l'état brut. Contrairement à d'autres régions du **Sud global,** principalement les pays de l'Asie du Sud-Est, qui se sont rattrapés jusqu'à prendre le leadership du secteur. L'exemple du géant taïwanais des semi-conducteurs TSMC en est un parmi tant d'autres. Quant à ce qui concerne l'innovation numérique, l'Afrique est le marché par excellence des innovations venues d'ailleurs. La preuve, parmi tous les réseaux sociaux que nous utilisons (Facebook, WhatsApp, Instagram, Twitter…), aucun ne provient d'un pays africain. Il en est de même pour presque toutes les marques de téléphone présent sur le marché africain.

Le système mondial actuel, hégémonisé sous la forme d'un capitalisme néolibéral financiarisé, reste responsable de l'exploitation, de l'expropriation et de l'exclusion de l'Afrique, au point de la reléguer aux marges de l'économie mondiale. Schwab, parmi d'autres, reconnaît également que la prochaine révolution industrielle pourrait entraîner une délocalisation majeure de la production vers le Nord mondial, l'automatisation et la propriété intellectuelle remplaçant la main-d'œuvre bon marché comme principal moteur de la compétitivité des entreprises.

Malgré ce bilan sombre, les inventeurs africains et les initiatives en faveur de l'industrialisation et de l'innovation abondent sur le continent. Il existe des pôles d'innovation, des incubateurs scientifiques et technologiques mis en place par les États et les entreprises du secteur privé. Il est évident que l'Afrique ne manque ni de créativité ni de capacité d'innovation. La mise en place d'institutions et de capacités durables exige cependant une plus grande attention à l'industrie et à l'économie numérique. La mise en place d'une politique africaine d'accompagnement des inventeurs et d'incitation des Africains à privilégier les innovations endogènes est cruciale pour maintenir la compétitivité de l'industrie numérique africaine.

À l'ère de la Quatrième Révolution Industrielle, Il est impératif pour les pays africains d'investir dans l'enseignement des sciences industrielles de l'ingénieur, d'accroître l'accès aux infrastructures TIC pour les jeunes, d'accroître les connaissances scientifiques de la population et de s'efforcer de mettre en place de grands projets panafricains de recherche scientifique et industrielle qui réuniront des talents issus de différents pays. Aussi faut-il trouver une alternative pour un réel transfert de connaissance technologique, car les partenariats Nord-Sud de transfert de technologie ont failli en Afrique (probablement par manque de volonté des multinationales). Il revient aux gouvernements des pays africains d'astreindre ces multinationales à installer leurs usines de transformation localement au lieu de faire sortir les matières premières brutes du continent. Ce qui suscitera chez les jeunes africains une culture industrielle. Ces méthodes susmentionnées permettront l'éclosion du génie industriel africain dans le domaine de l'industrie du futur, de l'aérospatiale, de la santé, de l'industrie lourde, etc.

L'un des grands défis pour toute nation, que la pandémie a rendu plus apparent, est la nécessité de développer la conscience scientifique de ses citoyens. La technologie, après tout, évolue rapidement, et dans une plus grande culture scientifique, il est nécessaire de fournir toutes les ressources possibles pour former les citoyens à mieux comprendre leur potentiel. La culture scientifique, en plus de conduire à une population passionnée par le progrès scientifique et les avantages partagés d'une éducation solide et d'une recherche solide, aide n'importe quelle nation à être compétitive à l'échelle internationale. Les décideurs politiques jouent un rôle important en dictant comment cette recherche sera utilisée non seulement pour apporter la prospérité aujourd'hui, mais aussi un avenir durable pour les générations à venir. Par conséquent, tout pays ayant l'intention de faire passer les moyens de subsistance de son peuple de la pauvreté à de meilleures conditions de vie doit faire des investissements appropriés et nécessaires dans l'éducation, la science, la technologie et l'innovation. Et ils doivent le faire en gardant à l'esprit comment la technologie transformera nos systèmes éducatifs et nos économies. À la lumière de notre analyse, il est fondamental de préciser que si les États africains ne prennent pas au sérieux les défis de la Quatrième Révolution Industrielle, au lieu d'être une kyrielle d'opportunités, elle sera des menaces létales pour leurs économies voire pour leur souveraineté.

Table des matières

Imprimé en Allemagne
Achevé d'imprimer en septembre 2023
Dépôt légal : septembre 2023

Pour

Le Lys Bleu Éditions
40, rue du Louvre
75001 Paris

www.ingramcontent.com/pod-product-compliance
Lightning Source LLC
Chambersburg PA
CBHW062346010826
49168CB00024B/286

9791042208134